길은 지구 위에 있고
인생은 길 위에 있다
| 신광열 시집 5 |
쿰란출판사

이 詩集을 시를 좋아하는

____________________ 님께

제 마음을 담아 드립니다.

드리는 이 ____________________

년 월 일

책머리에

지난 시집을 내고
3년이 지나간다

어떻게 살아왔을까
어떤 생각을 하며 걸을까

수많은 삶과 수많은 글들
각자 어떤 의미가 있을까

내 인생과 글이
시가 될 수 있을까

찬란하기를 바라지도
정상같은 것은 원치 않지만

내가
이 땅 여기에 있는 의미도
잊은 채 걷는 건 아닐까

가난한 풀잎이라도
옷을 벗을 때
작은 풀씨라도 하나 맺지 않더냐

2015년 9월
신 광 열

목차

1. 잠언이 시를 만나

2. 위트와 풍자가 만든 차

3. 힐링을 벗삼아

4. 그 돌아 흐르는 친구

5. 일상이 전해주는 감상(感傷)

6. 사이 수수께끼

7. 시를 만난 이야기

8. 삶을 찾아 나선 오솔길

9. 신앙과 감사

10. 발걸음 멈추게 하는 그대

11. 떠나야 만날 수 있는 임

1.

잠언이 시를 만나

뽑아야 되는 화초도 있고
두어도 되는 잡초도 있다

치워야 되는 디딤돌이 있고
두어도 되는 걸림돌이 있다

기회

짠다고 나오더냐
다 쓴 치약이

붙인다고 붙더냐
깨진 그릇이

후회하니 낫더냐
아픈 상처가

부른다고 오더냐
지난 세월이

막는다고 서더냐
가는 청춘이

한 수

분수는
아무리 높이 올라도
다시 땅으로 내려오는
분수를 알고 있다

폭포는
아무리 절벽에서 떨어져도
그 순간을 노래하는
여유를 갖고 있다

강물은
아무리 홍수로 범람해도
바다에 못 미친다는
겸손을 알고 있다

차 이

비도 눈도
이슬도 얼음도
모두 물인데

개울물도 냇물도
강물도 바다도
모두 물인데

너도 나도
그도
우리도

모두 물인데

제일 진한 맛

슬픔이 아무리 진해도
졸음을 이길 수 없고

졸음이 아무리 깊어도
배고픔을 당할 수 없다

배고픔이 아무리 졸라대도
절망 앞에 무릎을 꿇고

절망이 아무리 어두워도
소망이 오면 무장을 버린다

기다림

아무리 훌륭한 부모라도
몇 년에 아이를 다 키울 순 없다

가장 좋은 약이라도
상처를 단숨에 낫게 할 수 없다

아무리 능숙한 농부라도
금방 농사를 다 지을 순 없다

싹 하나 틔우고
열매 하나 맺는 일도
기다려야 하는 것

기다림은 겨울처럼 길지만
그가 오면 봄처럼 향기롭다

기다림은
오직 창조주를 바라보는 눈길

소 명

산이 되어
울창하게 숲을 가꾸고

강이 되어
여유하고 들판을 적시고

별이 되어
영롱하게 하늘로 가자

살다 보면

사람의 뜻대로
되는 것이 없더라

내일이 어떨지는
아무도 모르더라

세상 다 거머쥐도
아무것도 아니더라

누가 울고 웃을지
아무도 모르더라

제 마음 하나도
제 맘대로 안 되더라

누구나

모든 동물이 말처럼 달려야
성공하는 것은 아니다

모든 새가 독수리같이 날아야
성공하는 것은 아니다

모든 꽃이 장미처럼 피어야
성공하는 것은 아니다

달팽이처럼 걸어도
참새처럼 날아도

꽃마리 이파리처럼 피어도
모두 성공한 것이다

성공이란
자기 나름대로 잘사는 것이다

애달픈가

구름이 흘러왔다
가더라

바람이 불어오다
가더라

돈이 들어왔다 가더라
사람이 다가왔다 가더라

인생도 그리 왔다
가더라

오는 것이 좋은 건지
가는 것이 좋은 건지

올 때는 오는 것이
갈 때는 가는 것이
좋은 거겠지

알면서

성공은
군림이 아니라
섬김이며

축재가 아니라
나눔이며

성공은

성과가 아니라
순종인 것을

모를 일

전에 나는

"이 몸이 죽고 죽어
일백 번 고쳐 죽어" 하며 살았다

요즘 나는

"이런들 어떠하리
저런들 어떠하리" 읊으며 산다

내가
변질된 것인지
변화된 것인지

강처럼

강을 따라가 보라
부딪히면 돌아가고
막히면 기다려 넘어서 간다

강은 길 따라 간다
비탈길엔 재미나게 달리고
평야길엔 게을리 놀면서 간다

강은 여유롭게 산다
아무리 길어도 조급하지 않고
길이 멀어도 한숨 쉬지 않는다

강은
갈수록 넓어지고
흐를수록 넉넉하다

강은
마침내 자신은 없어지고
바다가 된다

입 장

엄마는 유모차에
아이를 태워 다니고

할머니는 유모차에
나이를 태워 다닌다

엄마는 아이가
클수록 즐거워하고

할머니는 나이가
많을수록 무거워한다

엄마는
아이가 힘이 되지만

할머니는
자신이 짐이 된다

옹고집

배라고 같은 배 아니며
말이라고 같은 말 아니더라

질 패(敗)자만 있는 게 아니고
이길 패(覇)자도 있던데

눈물 흐른다고 같은 눈물 아니며
은행 털었다고 같은 은행 아니더라

열 개(開)자만 있는 게 아니더라
덮을 개(蓋)자도 있더구나

글이 같다고 같은 뜻이 아니고
말이 같다고 뜻이 같은 건 아니더라

분 별

뽑아야 되는 화초도 있고
두어도 되는 잡초도 있다

치워야 되는 디딤돌이 있고
두어도 되는 걸림돌이 있다

갈길 몰라도 갈 때가 있고
길 알아도 멈출 때가 있다

2.

위트와 풍자가 만든 차

바벨탑처럼
하늘에 닿도록 높아야 한다

그래야
화려하게 망하고
위대하게 쓰러질 수 있지

봄 눈

넌 어데 있다가
이제야 오느냐

넌 왜 이리도
철이 없느냐

겨울은 너만 두고
혼자 갔더냐

매화는 입술 새파랗고
산수유 추워 감기 앓고

새봄은 달력을 보며
궁시렁거린다

아내의 시

멀리 결혼예식에 갔다

화려한 대리석 계단마다
신혼커플들 공작보다 눈부시게
미래의 행복을 뽐내고 있었다

난 잠시
고생하는 아내가 생각이 나
짤막한 문자시를 이렇게 보냈다

"그대 사랑 날이 갈수록 깊고
 그대 헌신 해가 갈수록 높아요"

잠시 후에
기막힌 대답이 달려오는데

"심심한가봐"

우문현답(효도)

할머니가
세 살배기 에펠에게
이렇게 물었다

외숙모가 이뻐
엄마가 이뻐

음, 하는 순간 답이 튀어 나왔다
"할머니가 예뻐"

그날 저녁 우린
띵하고 감탄하며 상쾌하게 웃었다

사진 값*

오늘 사진 값을 내고 왔다

얼굴도 몰라보는 사진을 보내주며
7만 원을 내란다

누가 찍어 달라고 한 일도 없는데
제 맘대로 찍어놓고 돈을 달란다

이게 7만 원이냐고 말이 되냐고
어디 누구에게 보일 데 없어

조용히 혼자 보고 내고 온다

* 속도위반 과태료 고지서

가을은 오나

폭염과 열대야에
밤도 지쳐서
부채 부치며 숨가빠하고

시간 되는 이들은
나이 많은 배낭이라도 메고
숲으로 계곡으로 피서를 가고

가난한 이들
에어컨 실외기로 맘까지 찜통 되어
아무 데도 없는 그늘을 찾고

아! 나는
가을이 얼른 오도록
남아 있는 달력을 미리 넘긴다

걱정

아내는
오래된 물건만 보면
버릴 궁리에 바쁘고

나는
오래된 물건을 보면
보관할 궁리를 한다

아내가 잘 버리므로
집안은 늘 깨끗하지만
은근히 걱정도 된다

남편도 오래되면
버릴 궁리 하지 않을까

게으름

세차할 필요 없다
비올 텐데

등산할 필요 없다
내려올 텐데

밥 먹을 필요 없다
배고플 텐데

태어날 필요 없다
죽을 텐데

허 참

제자보다 못한 선생
환자보다 못한 의사

사병보다 못한 장교
아이보다 못한 어른

교인보다 못한 목사

안타깝게도
개보다 못한 사람도
더러 있다 해서?

물구나무

그 사람 참 똑똑한 사람이다
수사에 안 걸리고

그 사람 참 능력 있는 사람이다
거짓말도 잘하고

그 사람 참 대단한 사람이다
남의 돈으로 잘 산다

그 사람 참 부지런한 사람이다
안 끼는 곳 없으며

그 사람 참 훌륭한 사람이다
나서기도 잘 한다

그 사람 참으로 딱한 사람이다
정직하고 착하다

대박이 쪽박 찰 때

사람들은 대박을 노래한다
요행과 일확천금 꿈꾼다

궁민들이 일찍부터
흥부의 박타령만 들어서일까

대박의 거미줄에 인생을 걸고
청운의 꿈이라고 자위하면서
쪽박의 마약에 흥분하며 산다

대박을 좇아가는 사람들이여
놀부의 박타령은
아직 못 들었는가

진단

또닥비 소리에
외로우십니까

봄바람 소리에
가슴 나부끼십니까

여행을 준비하면
삶이 설레십니까

음악을 들으면
맘이 행복하십니까

하나도 안 맞으면
병원으로 소풍 갑시다

큰소리치는 사람 앞

재벌도 부도나고 부자도 망하더라
그러니 인생이지

의사도 먼저 죽고 판사도 감옥 가지
그러니 인생이지

만남과 헤어짐이 신발처럼 같이 오네
그러니 인생이지

자신이 사기당할 줄 점쟁이도 모르더라
그러니 인생이지

눈 밝고 똑똑해도 한치 앞을 못 보더라
그러니 인생이지

행복할지 불행할지 아는 이 없더라
그러니 인생이지

리더십

맞는 말 한다고
그 사람을 따르더냐

득을 보고 따르겠지

바른말을 하면서
사람들을 이끌더냐

혹세무민으로 공약하지

어찌할거나
변질된 윗물 오염된 아랫물

인기 영합 리더십
뿌리 썩은 팔로우십

다대고병

많아야 하고
크고 높아야 한다

솔로몬처럼
처첩도 황금도 많아야 한다

매머드처럼
누구보다 웅장하고 커야 한다

바벨탑처럼
하늘에 닿도록 높아야 한다

그래야
화려하게 망하고
위대하게 쓰러질 수 있지

3.

힐링을 벗삼아

억울함과 분노 가득찰 때는
화려한 욕설을 세 페이지나 쓰라

이러한 열쇠로도 안 열리거든
세상을 떠나려 하지 말고

돌아보며

내 마음 아플 때면
다른 이 마음 아프게 했나

내 가슴에 눈물 날 때
다른 이의 눈물을 흐르게 했나

내 마음이 상할 때면
다른 이의 마음을 상하게 했나

슬픔이 내 마음에 찾아오면
내가 다른 이를 슬프게 했나

돌아보며 산다

자연처럼

슬픔이 필요해서 슬픔이 찾아오면
그와 함께 슬퍼하며 살자
때때로 눈보라 매섭게 불지 않더냐

눈물이 필요하여 눈물이 흐르면
눈물처럼 울면서 살자
때때로 빗물이 주룩주룩 내리지 않더냐

고통이 필요하여 고통으로 아프면
고통을 보듬고 신음하며 살자
때때로 뇌성벽력 몰아치지 않더냐

행복이 웃음처럼 쌩긋하게 찾아오면
그를 맞아 손잡고 달콤하게 살자
때때로 찬란한 햇살에 눈부시지 않더냐

피하지 말고 괜찮다 말고
슬플 때는 울고 아플 때 신음하고
비처럼 바람처럼 해처럼 살자

힐링 산책

세상이 이렇게 고요했다면
이곳 숲속까지
찾아오지는 않았겠지요

세상이 이렇게 시원했다면
이런 바다까지
찾아오지 않았겠지요

세상이 이렇게 깨끗했다면
여기 산골까지
찾아오지는 않았겠지요

전장에서 멍울진 아픔을
여기까지 데려온 이는

자연병원

아픔은

자식이 애 먹이면
무자식 상팔자라 하고

자식이 없으면
애먹이는 자식이라도
있어 봤으면 한다

가지 많은 나무에
바람 잘 날 없다 하나

그 가지라도 없으면
어디서 열매 하나
구경할 수 있을까

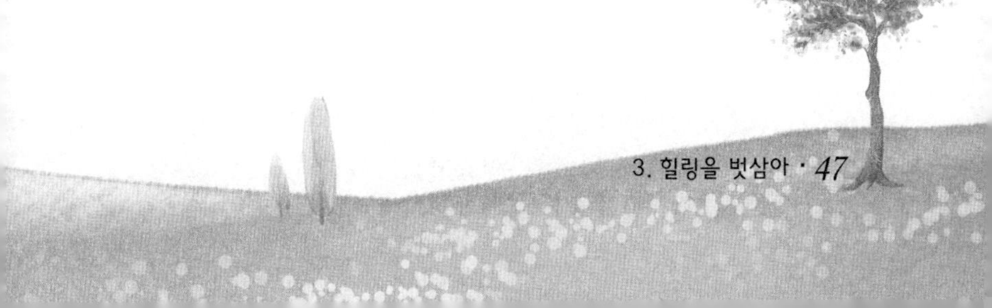

아이에게

우는 것을 배워라
아프면 울 줄 안다
배고프고 슬프고 겁나도
쉽게 잘 울어볼 줄 안다

웃는 것을 배워라
작은 기쁨에도
작은 재미나 몸짓에도
웃어볼 줄을 안다

노는 것을 배워라
언제나 어디서나
장례식에서도 놀 줄을 안다

웃고 울고 놀기만 잘해도
우린 행복하고 건강하게
사람처럼 살 텐데

지쳐 있는 그대

그대 지쳐 있나요
메시지를 보니
음성을 들으니

자식 때문에
남편 때문에
아내 때문에
부모 때문에

그대 왜 지쳐 있나요

돈 때문에
사랑 때문에
세상 때문에

그대 지쳐 있나요
그렇게도 고운 그대

왜 지쳐 있나요

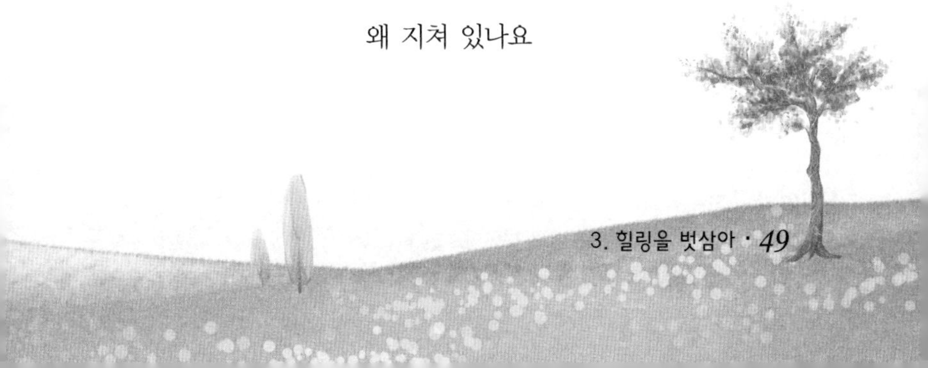

제자리

말 한마디 못하는 산이 있었다
그도
푸르고 아름답게 살더라

한 발짝도 못 걷는 나무가 있었다
그래도
감사하며 싱그럽게 살더라

밟히기만 하는 길이 있었다
그도
제 갈길 잘만 가더라

좋은 날

비 오는 날
애인 찾아오는 듯해 좋고

바람 부는 날
단풍잎 스루루 날리는 듯 좋고

눈 오는 날
팥빙수 추억 생각나 좋고

맑은 날
초등학교 소풍가는 날처럼 좋다

좋은 날이 매일 온다

절망에 쓰러질 때

그대
바람을 맞고 오다가
비까지 두들겨 맞았는가

그대
실망을 안고 가다가
절망에 걸려 쓰러졌는가

길이 아무리 험난해도
조금 더 가면
다른 길이 나오리라

비바람에 절망까지 만났다 해도
새봄을 만날 날이 또 올 것이고

때론 그렇지 않을 때도
있을 것이라고

열 쇠

가슴에 슬픔이 북받칠 때
소리 내어 울어보라

절망의 먹구름 밀려올 때
소나기 맞듯 절망에 젖어보라

살면서 마음 멍들고 다쳤을 때
어머니에게 상처를 보여주라

의기소침하고 탈진할 때
시간의 친구를 찾아가 보라

억울함과 분노 가득찰 때는
화려한 욕설을 세 페이지나 쓰라

이러한 열쇠로도 안 열리거든
세상을 떠나려 하지 말고

자기 가슴을 다시 열어보라

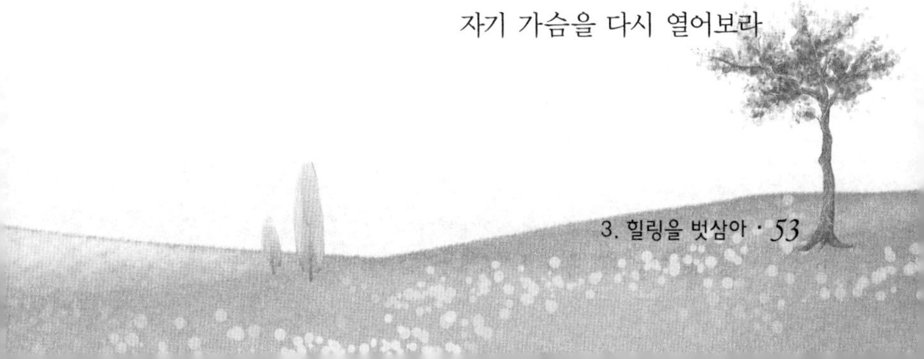

제자리

가롯 유다만
배신하는 건 아니더라
베드로만
부인하는 건 아니더라

동창생 아무개도
우리 집안 아무개도
돌아서고 변하여 몸서리치더라

산양처럼 서로에게
달려가던 부부였는데
왜 그리 화살 맞은 사슴으로
벼랑 끝 비탈에 절뚝거리노

배우자의 가슴에 할퀸 상처
어찌하려고 어이하려고

이제
새끼들의 슬픈 눈을 만져주려고
돌아가라 돌아가거라

회복의 시간이 그렇게 오래
기다려주는 건 아니더라

슬럼프

짐은 무겁고 갈 길은 아득하고
해가 지면서 산 그림자 내려오나
쉴 곳이 없을 때

앞이 캄캄하고 마음은 무너지고
손에 맥이 풀어지고
미래가 암담할 때

건강은 자신 없고 친구도 멀어지고
기도는 잘 안 되고
하늘은 닫혀 있을 때

넌 어떻게 하니?

정화

마음이 착잡할 때
산에 오라 손짓하고

가슴이 답답할 땐
강이 오라 청한다

상처로 아플 때
숲이 오라 부르고

한 없이 힘들 때
바다에 오라 출렁인다

파도에 묻힌 애가

세월호 단원고 바다에 침몰하고
온 백성 함께 파도에 묻혔다
전 국민 실신하며 세월호 밧줄 붙잡고
한 아우성으로
안 된다 안 된다고 버티고 버티고
속절없이 생명은 거친 파도에 스러지고

아, 단장의 신음만 낱낱이
저 차가운 파도밭에 부서지고
아무것도 할 수 없는 죄인 되어
온몸 파르르 떤다

너희들 위해 할 수 있는 일이란
발 동동 구르며 애태우는 수밖에
밥 굶고 속절없이 바다만 바라보다
서로가 민망하여 저 먼 허공 향해
절규에 섞인 눈물로 통곡하는 일밖에
정신 잃고 거친 갯바위에 쓰러져
까아만 심장을 토해내며

홍수 같은 바다 속을 헤매는 수밖에

타오르는 조명탄 기도처럼
하늘에 매달릴 때
실로암 망대 무너져 죽은 자들이
여기 살아 있는 자들보다 더 죄 있어
그런 줄 아느냐 말씀이 들리고

아 어찌하려나 어찌하려나
저 참담하게 숨 멎은 생명들을

너희들의 아까운 희생
새로운 생명으로 다시 태어나길
가슴 부둥켜안고 메아리치게 기도한다

눈

너무 큰 것도
너무 작은 것도

아주 가까운 것도
아주 먼 것도

형태 없는 것도
물질 아닌 것도

아무리 눈 밝아도
볼 수 없는

눈

안 식

파도가 일찍 잠든
바다 넘어
해는 저문 노을만 남기고

포구엔
작은 배 한 척
긴 한숨 내쉬며 돌아오고

꿈은
지친 나래를 접고
포구에 도착해 닻을 내린다

4.

그 돌아 흐르는 친구

익은 가을은
온 세상 황금빛으로
황홀하게 감동시키고

어느새
늙은 가을은

미 련

봄 처녀 연모하느라
봄에 부는 바람이
머물기야 하겠는가

계곡 풍광 좋더라고
흘러간 냇물이
다시 돌아오겠는가

시곗바늘 거꾸로
돌려본다 해도
떠나간 세월이
돌아나 보겠는가

계절

가을은
오색단풍 데려오더니

금세 흰 서리 남기고
길 떠나고

겨울은
찬바람 앞세워 오더니
두꺼운 얼음 녹도록 버티고

봄은
진달래 개나리
꽃잎 몇 장 피우고

황급히
여름에 쫓겨난다

못 만나고

진달래
얼마나 청초하게 피었는지
얼굴도 못 대하고 벌써 떠났네

벚꽃이
얼마나 화사했는지
배웅도 못한 채 스쳐만 가네

이렇게 봄날을 보내는 건
사람의 도리가 아닌데

사람이
산다는 게 이런 게 아닌데

봄을
못 만나니 사막처럼 메마르다

감동

단풍은
온통 자기 몸 불태우며
그림을 그린다

겨울 같은 초봄에 떨며 잎 피우고
더위와 비바람도 여름내 견디고
한 장의 작품을
이 가을 늦게야 완성한다

저렇게
생명을 불태우며 그린 그림을
단 며칠만 전시하고

그 작품
그 짧은 일생을 또 불태운다

젊음

봄은 왜 가버리는가

아직 채 만나지도 못했는데
봄은 저만치 빨리 달아난다

봄은 왜 성급히 가버리는가

아직 채 느끼지도 못했는데
봄은 저리도 쉽게 작별한다

벚꽃처럼
화사하게 피어나더니

봄바람
사알짝 불다 사라진다

가을처럼

가을은

황홀한 단풍을 데리고 오더이다
시원하고 풍요롭게 다가오더이다

가을은

쓸쓸하고 서운하게 떠나더이다
열매 곡식 가득 담아 안겨 주고서
아무것도 갖지 않고 홀로 가더이다

가을이 떠나간 그 길을 따라
내 어머니도 그렇게 가더이다

서리와 함께 그렇게 떠나더이다

시각

젊은이는 피어나는 신록에서
희망을 보고
늙은이는 신록의 향연에서
초라함을 만난다

젊은이는 떨어지는 꽃잎에서
낭만을 즐기고
늙은이는 꽃잎이 떨어질 때
무상을 느낀다

젊은이는 소나기와 홍수에서
열정을 얻고
늙은이는 폭우와 홍수에서
우수를 읽는다

생명의 기

봄은
눈 비비며 일어나 기지개 켜는
한 달 된 강아지

논둑 길가에 고개 내밀고
파르르 떠는 다섯 잎 핀 빼뿌쟁이

봄은
버들강아지 뿌리 사이로
쪼르륵 꼴꼴 흐르는 개울물

봄은
우윳빛 가슴을 풀어 헤치고
젖 물리는 어머니

풋 가을

가을이 똑똑 문을 두드려
설렘으로 반가이 문 열었다

소녀 같은 어린 가을이
미소처럼 화사하게
문 앞에 다가와 서 있다

선뜻 들어오라 말도 못하고
행복한 당황이
낯붉히며 서로 보았다

빗소리

보스락보스락 비가 온다
잔디 마당 밟으며 비가 온다

토닥토닥 비가 온다
나뭇잎 토닥이며 비가 온다

기다리던 님으로 비가 온다
사랑하던 님 오듯 비가 온다

나는 이제야 그대 품에서
새록새록 잠든다

가을 일생

풋 가을
푸르고 싱그럽게
뽐내고 자랑하고

익은 가을은
온 세상 황금빛으로
황홀하게 감동시키고

어느새

늙은 가을은
하얀 억새처럼
메마른 숨 거칠게 몰아쉰다

흘러가야

낙엽이 지고 나야 새잎이 나고
봄이 지나가야 여름이 오네

후손들 태어나면 선조는 떠나고
바람은 머무름 없이 불며 가누나

강물은 어제처럼 흐르지만
어제의 그 강물 아니듯이

학생들은 학교에 늘 있어도
전에 있던 학생들이 아니더라

흐르지 않고 살 수 없는 강처럼
산다는 건 모두 흘러가는 것이리라

인생이란

봄날의
화사한 꽃밭이여

여름철
싱그러운 녹음이여

가을날
황홀한 단풍이여

하얗게
눈 덮인 겨울이여

노 년

삶의 무게에 허리는 휘고
세월의 빛바래 머리는 희고

고단한 노동에
손발은 낡아진다

맛자랑 음식에도
구미가 없고

태양 에너지에 충전이 안 되고
신록의 무성함에 반색이 없다

5.

일상이 전해주는 감상(感傷)

연둣빛
조각 바람을 맞으며

재미롭게
흐르는 강물을 따라

살갗 어루만지는
추억을 만난다

자리

떠도는 구름이
제자리가 있겠느냐

바람 만난 낙엽이
정처가 있겠느냐

하루살이 군무에
흔적이 있겠는가

놋그릇

그 사람 유리그릇이고
그 마음 와인 잔 같다

살짝 부딪쳐도 금 가고
툭 떨어지면 탕 깨진다

아 그 옛날
나무 그릇 놋그릇이

어머니처럼 참 그립다

통보

기분이 착잡하고
가슴은 먹먹하다

마음은 졸여오고
초점이 흐려진다

슬픔은 찬란하고
당황은 화려하다

콧숨은 뜨거우며
애잔함엔 짜이 없다

평소에 많이 듣던
그런 병이 아니더라

아내가 암이란다

별처럼

누구에겐 그리움이
행복한 추억이고

누구에겐 그리움이
불치병 앓는 고통이다

그리움이
때론 액세서리 같고
때론 목숨을 죄는 포승줄이다

때론 그리움이
아무도 함께 없는 감옥이다

그리움으로 아플 땐
살을 베어내듯 견딜 수 없지

그리움은 메아리도 없는
저 밤하늘 창공에
산산이 박혀 있는 별

혼자

인생은 혼자 와서
둘이 되고 열이 된다

아내가 혼자 수술실로 들어간다
같이 들어갈 수 없단다

행복은 같이 나누고
고통은 혼자 갖는 것인가

삶은 같이 나누고
죽음은 혼자 갖는 것인가

세상을 떠날 때도 혼자
태어날 때처럼 그렇게 혼자

나누지 못하는 이유는 왜일까
오직 하나밖에 없는

유일한 것이기 때문이 아닐까

안 보이는 서리

날 생각하는 사람이

오랜만에
새로 찍은 내 사진을 보고

"그새 머리카락에 서리가 많이 내렸네요
너무 마음이 아픕니당"
이라고 썼다

난 님께 이렇게 썼다

머리에 내린 서리 보이기라도 하지만
가슴에 내린 서리 누가 알아 주리요

오직
하나님만 아신다고 답을 주었다

내가 할 수 있는 일이라곤
아무것도 없다
대기실 현황판의 이름만 보고
앉아 있는 수밖에

내가 할 수 있는 일이란
아무것도 없다
가슴 아파 맘 졸이며 참고 있는 일밖에

내가 할 수 있는 일이란
아무것도 없다
밥 굶고 애태우며 기다리는 수밖에

내가 할 수 있는 일은
아무것도 없다
하나님의 손에 기도로
내 손을 매달아 놓고 있는 일밖에

벌써 다섯 시간째

수술실 앞에서

시계

1분도 1초도 놀지 않는다
왜 무엇 때문에

하루도 한시도 쉬지 않는다
왜 누굴 위해서

밤도 낮도 따로 없이
마라톤처럼 달려만 간다

세상에서 가장 귀한 시간
그 시간을 위해서 생명 바친다

휴 가

지리산 둘레길 돌아
화개장터를 지나
쌍계사 길손에서 묵고
느리게 사는 증도를 찾아간다

해우촌에서 낯선 밤을 새우고
해송 우거진 비포장 먼 길로
덜커덩 털썩털썩 들어가
게장에 아침을 비벼 먹었다

소금밭 낙조 전망대에서
끝 안 뵈는 태양 염전 가슴에 긁어 담고
산길에 핀 키 큰 풀꽃을 만져본다

송도 어시장에서
민어회 비싸 눈으로만 먹고
무안시장으로 들어가
세발낙지 연포탕 마음까지 시원한데
차는 비를 세차게 두들겨 맞고

나는 피로를 업고 집으로 온다

휴가는
돈을 들여 고생을 사서
고래를 잡은 듯
그것을 메고 오는 것이다

태 풍

그 먼 바다에서 여기까지 찾아와
방파제 휘어감아
목선을 곤두박질 포구에 처박고

육지에 올라와
아름드리 전신주 내동댕이치고
메타쉐콰이어 허리째 뿐질러 버리고

모든 집집이 쳐들어와
부수고 빼앗고 털고 집어 삼키고
가슴까지 찢어
저 산 너머 먼 하늘에 흩어버리는

아
바람아 태풍아
넌 왜 그리도 사나워지는가
왜 그리도 노여워하는가

무엇이 무엇이 너를
그렇게 화나게 하고

그렇게 모질게 만들었더냐

솔랑솔랑
갈바람으로 불어줄 수도 있는데

욕 심

라일락 잎을 씹는
사랑이라도

쓰디쓴 눈물을
목으로 꿀꺽 넘기고

예쁜 맛을
요리하는 아내하고

초록빛
꿈을 심어 볼래

일면 경

찬란한 발레 아래
뭉개진 발가락

부유한 도시 밑에
궁색한 농촌

화려한 자녀 뒤에
초라한 부모

구차한 행복 후에
성대한 가난

나를 찾아서

서울역을 이처럼
혼자 보도블록을 세며
천천히 걸어 본 일은 없다

늘 밀려만 다녔는데
오늘은 내가 걸어간다

천천히 걸어갈 수 있는 행복
그것이 내게 주어진 것이다

세상을 살다보니 이런 날도 있네

길도
내 맘대로 못 걷는 세상에
우리는 산다

누림

개울을 끼고 살아도
한강을 끼고 살 듯이

수제비 한 그릇 먹고도
수라상을 받은 듯이

한 평 땅 없어도
온 세상이 내 땅인 듯

내 나이 들어가도
늘 젊은 청춘인 듯

없다고 여유까지 없으면
우린 정말 가난한 자

계 산

밤에는
인생이 자는가
가는가

낮에는
인생이 남는 것인가
손해인가

메시지

어느
하늘 맑은 늦가을 오후

친구에게서 메시지가 왔다

날
편안한 사람이라고
유쾌하게 하는 사람이라고
기분을 좋게 하는 사람이라고

언제 다가가도
마음 열고 맞아주는 사람이라고

난
그런 말 들을 정도 안 되는데

그럼에도
잘 익은 단풍밭에 앉아 있는 듯
기분 좋은 오후였다

아들과 그 신부에게

세상엔
아버지 같은 남편이 없고
어머니 같은 아내는 없나니

세상은
잡은 고기 놓칠 때가 있고
망망대해 대어를 낚을 때도 있다

우주처럼 넓기도 하고
승강기 안처럼 좁기도 하나니

세상은
러시아 철로같이 길기도 하지만
벚꽃 피는 계절처럼 짧기도 하나니

내가 주인공이 되기도 하지만
스쳐가는 행인이 되기도 한다네

너희는
행 불행 좇지 말고
믿음 도리 좇아라

살면서

그대 가난이 부끄러운가
잘 못 가진 것이 훔친 지갑일세

그대 늙음이 초라한가
잘 못 늙음이 다 떨어진 신발이네

그대 아픔을 품속에 감추지 말게
햇볕에 널어 빨래처럼 말리세

그대 남의 허물을 들추지 마세
보물처럼 묻어 두고 사세

그대 꿈을 푸대접하지 말게
아무리 작은 꿈일지라도

고장

나이 들면서
여기저기 고장이 난다

어깨 팔이 고장 나고
목소리도 고장 나고
다리 무릎도 시원찮고
허리도 그렇다

이리저리 두들기고 어루만져
고쳐 써야지

한데
마음까지 고장 나면
어찌할 텐가

육아

네 살배기 외손자
가끔
자기 맘대로 안 해 준다고

"할아버지 때문에 내가 못살아"
떼를 쓰며 운다

그렇다고 어른들이
"우린 너 때문에 속상해 죽겠네"
라고 떼를 쓸 순 없다

적반하장이란 말을
가르칠 방법은 세월뿐

너 때문에 울다가
방금 다시 웃는다

꿈결

연분홍 향기
가득한 들녘에서

연둣빛
조각 바람을 맞으며

재미롭게
흐르는 강물을 따라

살갗 어루만지는
추억을 만난다

땡볕

능소화 지쳐
땅바닥에 주저앉고

황촉규 더워서
여름모자 넓게 쓰고

맨드라미 땡볕에
자기 몸 불사를 때

큰 키 옥수수 꽃은
바람을 흔든다

신 맛

산에 올랐다
길가에 산딸기 몇 알 따 맛본다

새콤하고 달콤한 맛이지만
작년의 맛과는 좀 다른 것 같다

이제 몇 번만
더 따 먹으면 예순이다

그리고
몇 번이나 더 따 맛볼지는
천사도 모른다

6월이 오면

초하의 싱그러운 현충의 계절
젊은 주검들 아직도 가슴은 뛰고
순국의 피 붉고 뜨거워
산야를 물들이는 철쭉이 된다

사랑도 꿈도 조국의 흙에 묻고
나라에 바친 장렬한 목숨
순국의 피 뿌려 지켜 낸 이 땅

우리에게 이 지도 쥐어 주고
퍼런 가슴 푸른 피로 오늘도 산다

아!
찬란한 희생으로 숨져간 젊음
무궁화 되어 꽃이 되어
올 여름에도 저렇게 피어나고

백년이 가도 멈추지 않는 포성
조국의 부름 앞에 메아리친다

살다보면

사실을 말해야 할 때가 있고
진실도 숨겨야 할 때가 있다

기쁨도 감춰야 할 때가 있고
아픔도 나눠야 할 때가 있다

수치도 보여야 할 때가 있고
자랑도 부끄러울 때가 있다

살다보면

눈물로 세수할 때도 있고
아파도 웃어야 할 때가 있다

자신에게 배신당할 때도 있고
타인에게 신세져야 할 일도 있다

6.

사이 수수께끼

달빛 머금은 단풍으로
떨어질 순 없을까

맑은 밤 별똥별처럼
가슴 안으로 떠날 순 없을까

스침

꽃으로 꾸며내고
돈으로 포장하고

인기로 성형하고
명예로 치장하고

이력으로 변장하고
권력으로 무장하니

화장하지 않은 얼굴
그보다 반가운 사람

어디서 만나 보랴

친구

바람처럼 스치고
구름처럼 흐르는
나그네

외로울 때
바람도 말동무가 되고

지칠 때
구름도 길동무가 된다

처신

여기까지 말해야 되는 사람
거기까지 말해도 되는 사람

모두 다 말해도 되는 사람
아무 말도 안 해야 되는 사람

현관에서 인사하고 보내는 사람
대문까지 전송하여 보내는 사람
멀리까지 배웅하여 보내는 사람

아무것도 안 입고 만나는 사람
속옷만 입고도 만나는 사람

정장 입고 만나야 하는 사람
무장하고 만나야 하는 사람

말이 아니다

말이 달콤한 사람
행동은 소태처럼 쓰고

말이 재빠른 사람
행동은 굼벵이 같다

말이 풍년인 사람에게
실천은 가난할 뿐이고

말이 식은 죽 먹기라면
그 기다림은 대낮에 별 보기다

서운한 이별

가을이 지나가니 서운하다
사람이 떠나가니 서운하다

인생은 가고 또 오는 것
언젠가 왔으니 갈 수 있는 것

차라리 오지나 말지
라고 말하지 말게

그가 왔기에
내가 행복했나니

다시 간다고
서운해 하지 말자꾸나

이별은 늘
새로운 만남을 향해 간다

주례사

사랑하기 때문에
결혼하는가

사랑하기 위해서
결혼하는가

목표가 다르면
방향도 달라진다

목표가 다르면
결과도 달라진다

왜 결혼하는가

이미지

방금
가을을 바래다주고
들어오는 길이다

왜 이리
허전하고 서운할까

겨울을 마중가야 하는데
왜 이리 망설여질까

헤어지기에
참 서운하고 아까운 사람
만나기에
부담되고 망설여지는 사람

가을 같은 사람
겨울 같은 사람

반 응

안부를 물어도 기별이 없고
인사를 건네도 소식이 없다

질문을 드려도 대답이 없고
선물을 드려도 감사가 없다

축하를 보내도 반응이 없고
축복을 하여도 응답이 없다

무언의 메시지 해석하느라
백발만 굵어 어지럽다

누 구

글을 보면 진수성찬
사람 보면 몰지각
마음도 눈도 닫아버린다

말을 들으면 청산유수
행동 보면 기가 막혀
마개 없는 눈귀 틀어막는다

아무리
큰 선물을 보내도
사람이 다가오지 않으면
거북하여 소화 안 되고

아무리
작은 선물이 와도
마음이 아름다우면
함박미소로 맞는다

공동체

잘못한 사람 따로 있는데
그 고통

왜
우리 모두가 함께 집니까

잘한 사람 따로 있는데

왜
그 행복

우리 모두 함께 나눕니까

용서

미안해요 죄송해요
말 못하는 자존심 장애자

잘못하고도
잘못을 모르는 지각 장애자

타인을 절대 용서할 수 없다는
독선자도 있고

용서받을 자격이 없다는
위선자도 있다

우린 용서할 자격도
용서 받을 자격도 없지 않을까

용서할 수 있는 분은
오직 한 분뿐이시고

용서 받을 수 없는 자는
오직 자신의 잘못을 모르는 이 아닐까

떠남의 미학

그대 떠날 때

봄바람에 벚꽃 지듯

떠날 순 없을까

달빛 머금은 단풍으로
떨어질 순 없을까

그대 떠날 때

맑은 밤 별똥별처럼
가슴 안으로 떠날 순 없을까

만남보다 더 소중한 이별을
그렇게 만들 순 없을까

부모 자식

계산하지 않는 사이
질투하지 않는 관계

잘할 땐 속으로 만세 부르나
못할 땐 맘 아파 밥 안 넘어가고

눈물도 자유롭게 보일 수 없고
아픔도 깊이 숨겨두는 관계

칭찬도 조절해야 하는 사이
질책도 조심해야 하는 관계

끝없이 응원해야 하는 사이
숨죽이듯 지켜봐야 하는 관계

자식은 돌아보지 않고 가더라도
안 보일 때까지 보고 서 있는 부모

그리고
언제 돌아올지 몰라
밤새 불 밝혀 서 있는 가로등

행복은 놓치고

꽃은 봉오리로 있을 때가
더 아름답고

꿈은 품고 있을 때가
더 행복하다

여행은 준비할 때가
더 맛이 있고

결혼은 예식 전이
더 설렌다

꽃피우려 준비하며 꿈꿀 때
그때가
참 멋있는 시간인데

거울

아내의 거칠어진 손
나보다 궂은일 많이 했지

그늘진 아내 얼굴
나보다 복잡한 세파 겪었지

아무렇게 된 아내의 몸매
가난한 살림에 힘겨웠지

메마른 아내의 목소리
행복 비타민이 모자랐겠지

아내란
내가 만든 작품 아닐까?

응답

가장
조용한 대답은 미소
유쾌한 대답은 웃음

가장
답답한 대답은 침묵
시원한 대답은 예스

가장

복잡한 대답은 눈물
참담한 대답은 외면
교만한 대답 코웃음

7.

시를 만난 이야기

미운 사람이라도

명사가
용서를 강연하다 물었다

여러분,
미운 사람 하나도 없는 사람
손들어 보세요

끄트머리에 앉은 노인이
마른 나무 같은 팔을
삐딱하게 들었다

강사는 놀라
존경의 시선으로 다시 물었다

어르신
어떻게 미운 사람이
하나도 없을 수가 있어요?

노인은 쓸쓸히 대답해 주었다

"더러 많이 있었지.
그런데 이제는 다 죽었어."

거듭남

동네 골목마다 외치며 다닌다

고물 삽니다 고물
냉장고 컴퓨터 밥솥
고장 난 테레비 삽니다

어떤 부인이 급히 쫓아 나가
"못 쓰는 영감은 안 삽니까"
하고 물었다

보아하니
댁에도 필요 없어 버리는 영감
내가 사서 뭐 하겠소?

고물도 필요 없어 버리는 것
아저씨는 사지 않습니까?

허허, 고물이야
용광로 갖다 넣으면 새것이 되지만
댁의 영감은 새것이 되겠소?

고물은 용광로에 넣어야만 되지만
우리 집 영감
용광로 근처에만 가도 새사람이 될 거요

둘째가 태어나네

이태 전
황량하고 거친 문화의 들판에
기독문학 씨앗을 조심스레 뿌렸다

새싹이 잘 올라와야 할 텐데
아껴 늘 들여다보고 물 주고

이제 막 두 돌을 지나
겨우 아장아장 걸음을 떼고
좀 더 멀리 문밖으로
좀 더 넓은 세상에 보내려 한다

경남기독문학 둘째가 태어났다
첫봄에 피는 초록 풀처럼 반갑고
여름 살구 피부같이 탐스럽다

경남기독문학 2집은
가난한 호흡과 마른 가슴으로 지쳐
한 모금 생수를 기다리는 이들에게
조촐한 간식과 안식을 선물하려 한다

너무 늦었소!

가을이
무르익어 뒷산에 올랐다

문득
지난 가을에 주웠던
알밤 생각이 나서
발길이 그리로 가더라

밤나무 밑에 가니
메마른 밤 가시만 풀섶 위에 뒹굴고
하늘에도 땅에도 밤알은 없다

입 벌린 밤 가시 씁쓸하게 웃으며
허 허!
올해는 너무 늦었소

그 한마디 말을
알밤처럼 주워 만지며
집으로 내려왔다

8.

삶을 찾아 나선 오솔길

길은 지구 위에 있고
인생은 길 위에 있다

어느 길로 가는 것이
어디로 가는 건지 다 모른다

탓

기억이 안 나면
기록이라도 하고

잠이 안 오면
꿈이라도 꾸고

일이 안 되면
생각이라도 잘 해보자

탓하지 말고

뒷면

아침햇살 찬란할 때
그림자도 뚜렷하더라

달콤한 솜사탕에도
뾰족한 막대기 꽂혀 있더라

황홀한 장미꽃 나무에
날카로운 가시 돋아 있고

축제 같은 기쁨 속에
이별 같은 슬픔이 섞여 있지

용기 속에도 두려움
절망 속에도 소망 움트지

성공 안에 실패가
젊음에도 늙음이 스며 있지

낯선 길

해가 지구 위로 지나간다
동쪽에서 서쪽으로 걷는다

사람도 지구 위로 걷는다
날마다 어디론가 걸어간다

길은 지구 위에 있고
인생은 길 위에 있다

어느 길로 가는 것이
어디로 가는 건지 다 모른다

다들 가고 싶은 길로
다들 모르고 간다

존 중

이름 모른다고
그냥 야생화라 부르고

볼품없다고
그냥 잡초라 부르네

내가 너의
이름을 물어 보리라

나그네

산골 외딴집
홀로 연기는 하늘로 날고

저녁 무렵 나뭇잎에
또닥또닥 비가 걷는데

샛바람에 나부껴
스미는 애수

어디로
혼자 떠나야 하는가

투명도

맑은 영혼 찾아
산으로 갔다

온갖 새 나무 숲이
날 보고 돌아선다

맑은 영혼 찾아
바다로 갔다

개펄에 뛰놀던 온갖 영혼들
이리저리 다급히 숨어 버리네

아!
맑은 영혼 아니고는
만나주지 않는

그 맑은 영혼들

들어보세

새벽이 태양을 데려오는 소리

꽃봉오리 피어나는 소리
산새 알 낳는 소리

소나기 달려 내려오는 소리
바람이 열매 만져보는 소리

노동으로 허리 휜 개미의 신음

썰물이 떠나며 부르는 노래
서리 밭에 낙엽이 내려앉는 말

해가 서산으로 기우는 소리
산그늘이 마을로 내려오는 소리

어둠이 현관을 노크하는 음성

역류

형편이 그렇다고
상황이 그렇다고

세상이 그렇다고
인심이 그렇다고

부모가 그렇다고
자식이 그렇다고

문화가 그렇다고
시대가 그렇다고

남들이 다 그렇다고

미경험

내일은 무슨 맛일까
사랑은 어디까지 달고 쓸까
죽음은 어떤 냄새일까

그리고
단풍은 언제까지 단풍일까
미래는 어떤 영상일까

미리 말해봐 줘요

그래도 그래도
소용없는 것은

내가 볼 맛과는 다르기 때문

해넘이

하루해가 진다
서산 고개로 넘어간다
중천에 떠 있을 때에는
평생 그대로 서 있을 것 같더니

해는 하루도 못 버티고
그렇게 진다

한 해가 진다
춘절 만화 그처럼 화려하더니
여름 무더위 그렇게 맹렬하더니
가을 그림은 그렇게 찬란하더니

한 철을 못 버티고
또 그렇게 진다

어떡해

지하철 타러 가는 길에
노숙자도 같이 간다

한겨울 얼음 된 찬 바닥에
떨지도 못하고 머리 덮고 누웠다

추위보다 더
날카로운 설움으로

죽음보다 더 무서운 아픔으로
무장하고 누워서 간다

그 사람
누군지는 아무도 모르나
함께 가는 것은 확실하다

자유인

얻는 것이 유익하고
잃는 것은 손해라 생각한다

만남이 행복이고
헤어짐은 불행이라 느낀다

잡음이 성공이고
놓침은 실패라 계산한다

젊음은 기쁨이고
늙음은 슬픔이라고 말한다

잘 떠나보내 주고
웃음과 함께 잃어 주고
손 흔들어 배웅하면

그대 진정 자유하리

침묵

새들은
숲속처럼 쫑알거리고

사람들은
시장처럼 시끄럽다

침묵은
오랫동안 말이 없다

즐거움에 요란치 않고
괴로움에 신음치 않는다

침묵은
입은 쉬고 마음이 일하는
자기 안에 위대한 노동

사람

사람들을 너무 믿지 말거라
고장 난 낙하산 같으리라

사람 너무 가까이 말거라
여름날 생선 같으리라

사람한테 넘 빠지지 말아라
맨홀에 빠진 듯하리라

사람들을 냉정히 사랑하라
유다도 있다는 걸 기억하면서

의 미

바닷가에 서보라
파도는 언제나 밀려온다

때론 편안하게
때론 거칠고 사납게

어떤 때에는
파도가 소망이고

어떤 때에는
파도가 절망이다

때론 레저요 때론 재난이다

파도는 쉬지 않고 밀려온다
누 구 나 에 게

놀이하며 산다

어릴 땐
구슬치고 자치고
딱지치고 팽이친다

자라나서
고함치고 호통치며
꼬리치고 사기친다

공갈치고 소매치고
훔치고 도망친다

점을 치고 장난치고
가슴 치고 땅을 친다

어떤 이는
골프치고 화투치고 히트치고
박수치고 웃음치고 춤친다

나는 너는
무엇을 치며 사는고?

날 위해

구름은 그늘을 데려오고
바람은 어깨를 쓰다듬고
저녁 해는 노을을 그린다

가을 맑은 밤
송편달이 생긋 웃을 때

행복한 하루는
하늘을 나는 꿈이다

느껴보자

거울 앞에서
얼굴을 보는 사람이 있고
자신을 느끼는 사람이 있다

자연을 보면서
경치를 보는 사람이 있고
인생을 느끼는 사람이 있다

사람을 보면서
외양을 살피는 사람이 있고
행동을 느끼는 사람이 있다

세상을 보면서
야망을 꿈꾸는 사람이 있고
하나님을 느끼는 사람이 있다

자존심

어떤 이의 자존심
헌신짝보다 낡아
버려야 될 때는
가장 먼저 버린다

어떤 이의 자존심
생명보다 질겨
죽어도 그것만은
놓치지 않는다

음

누가 잘사는 것인지

참맛

파도가 없다면
바다라 하겠는가

맑기만 하다면
날씨라 하겠는가

굴곡이 없다면 산이라 부를까
시들지 않는다면 꽃이라 할까

역경이 없다면
인생이라 하겠는가

주기

꽃은 송이송이 향기롭고
잎은 초록소리 풍긴다

아기열매 미소 달콤하고
바람하고 노는 잎 빛난다

잘 익은 과일 풍요롭고
화장한 잎새들 찬란하다

열매는 툭툭 떨어지고
잎은 비바람에 날려간다

비도 바람도 지나가고
나무는 혼자 가난하다

9.

신앙과 감사

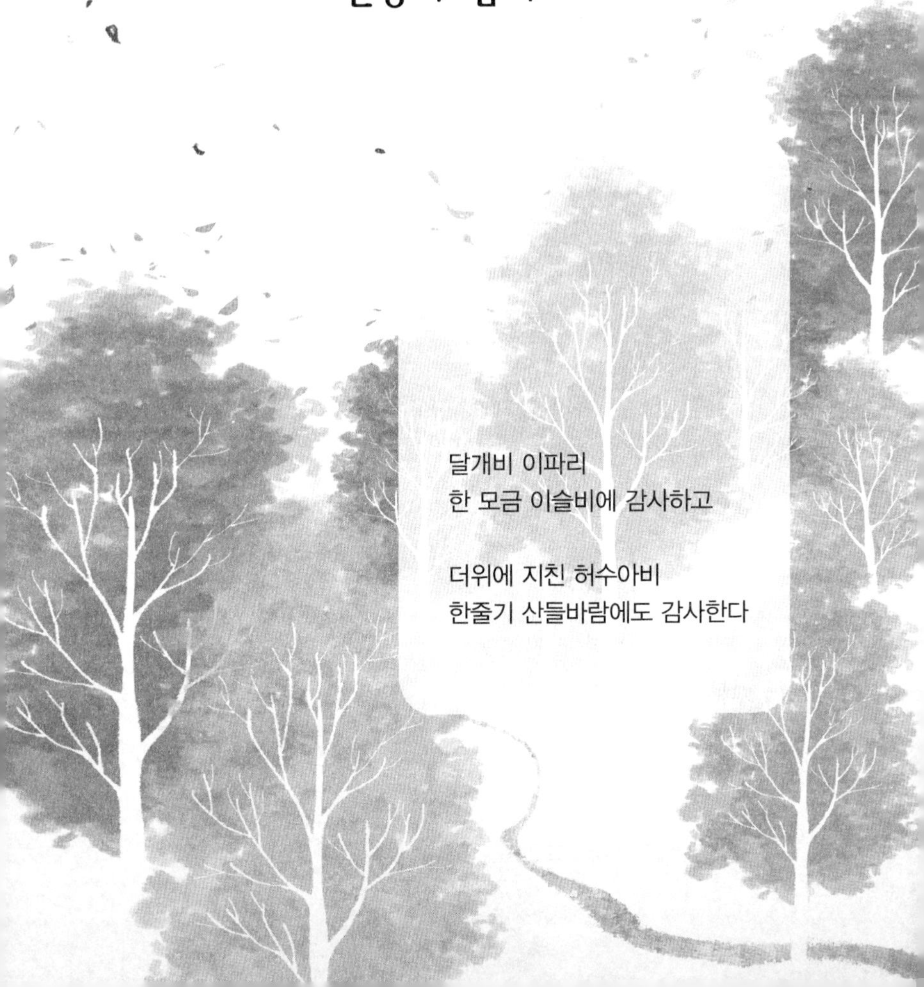

달개비 이파리
한 모금 이슬비에 감사하고

더위에 지친 허수아비
한줄기 산들바람에도 감사한다

새해 출발 기도

새해에는

버려야 할 것 잘 버리고
끊어야 할 것 잘 끊게 하소서
거절할 것 잘 거절하고
포기할 것 잘 포기하게 하소서

사람의 칭찬보다도
하늘 상 바라보게 하시고
열매 안 보여도
주님 뜻이라면 일하게 하소서

길이 넓고 편해도
주님 없으면 가지 않게 하시고
길이 좁고 험해도
주님 가시면 따르게 하소서

문제나 실패를
두려워하지 않게 하시고
내가 가는 길이

바른지를 늘 살피게 하소서

과거의 후회에 얽매이지 않고
미래의 사명을 보게 하소서
결단한 일은
얍복 강 야곱처럼 생명 걸게 하소서

은 총

따뜻한 태양이
꽃피워 주지 않았다면

포근한 바람이
어루만져 주지 않았다면

시원한 구름이
그늘 지워 주지 않았다면

달콤한 비가
목 축여 주지 않았다면

나는 이렇게
세상에 있지 못했을 거야

시각장애

은혜 없다고 불평하는 이
은혜 받아도 불평하는 이

은혜 받고 감사하는 이
은혜 없이도 감사하는 이

감사하다 은혜 받는 이
불평하다 불행해지는 이

그리고
은혜도 감사도 못 보는 이

풀잎에 곡식에 나무에도
감사가 저렇게 열려 있는데

영성훈련

1년에 몇 차례 청소를 하면
쓰레기를 종류대로 만날 수 있다

탐욕의 동전이 떨어져 있고
무례의 귀이개도 버려져 있다
체면의 단추알도 굴러다니고

질투의 안경도 벗어 놓고 간다
쾌락의 종이컵도 바닥에 두고
회개의 손수건도 남기고 간다

이제 다 버렸으니
자유하여라 깨끗하여라

청소를 꺼리는 사람들도 있다
나태 게으름 이기심과 더불어
귀찮다 힘들다 내 할 일 아니다

거룩한 노동 심령을 닦는 작업
성령과 함께하는 영성훈련
하나님을 섬기는 산 예배

이럴 때

인생이 평안할 때
주님 선물임에 감사하고

인생이 고달플 때
다른 선물임을 깨닫고

인생이 허무할 때
세상 소망 덧없다 느끼고

사람에게 실망할 때
주밖에 믿을 이 없다 배우며

인생이 깜깜할 때
주님 외 빛 없다 고백한다

순 종

밀물이 있으면 썰물이 있고
보름달 있으면 그믐달도 있다

한 달이 크면 작은 달이 있고
산이 있으면 골짜기도 있다

맑은 날 흐린 날 때때로 오고
소망도 절망도 번갈아 온다

출생이 있으면 임종도 있다

승패

싸워서 이겨라
어디에도 항복하면
패자가 된다

싸워서 이겨라
어디에도 항복하면
이긴 자의 종이 된다

싸워서 져라
주님께 항복하면
승리자가 된다

싸워서 져라
그분께 항복하면
자유인이 된다

목양

내 안에

아무 구름도 비도 없다
오직 하늘만 바라보고
단비만 기다리는
천수답이다

스스로 할 수 있는 일
아무것도 없다
하늘에서 내리는 단비만
날도 달도 기다리며
턱턱 입 벌린 천수답이다

목회는
요즘 점차 보기 드문
여전히 천수답이다

세 월

세월이 갈수록
산은 점점 높아지고

세월이 흐를수록
길은 점점 멀어진다

세월이 더할수록
눈은 점점 침침하고

세월이 쌓일수록
힘은 점점 약해진다

세상은 점점 노을 지고
하늘은 점점 밝아 온다

기도의 사람

자리가 틀리면 응답이 없다
탕자의 자리에선 응답이 없다
돌아온 자에겐 아버지가 응답이다

주님 떠난 갈릴리엔 고기가 없다
밤새도록 던진 그물엔 가득찬 허망
말씀 따라 던진 그물엔 넘치는 응답

기도하라 주시는 고난도 있는데
그래도 기도 없으면 실패로 끝나도
그때 기도하면 응답으로 회복된다

기도의 사람은 주님과 함께 걷고
기도 떠난 사람은 황야로 혼자 간다

찾아보면

유채꽃 노랑나비는
한 조각 봄볕에도 감사하고

달개비 이파리
한 모금 이슬비에도 감사한다

더위에 지친 허수아비
한줄기 산들바람에 감사하고

곱고 맑게 익은 단풍
사파이어 빛 하늘에 감사하네

바위틈 가난한 소나무는
뿌리 묻은 한줌 흙에도 감사하고

우주의 은하수들
어둡고 캄캄한 밤에도 감사한다

아! 나는
이 넉넉한 가을을
한아름 선물 받은 나는

가나다라 감사

가을은 가지가지 감사가 열리는 계절
나의 감사는 어떻게 생긴 얼마나 큰가

다른 이들의 감사는 어떤지 몰라도
라면 한 사발에도 감동받던 때를
마음에서 잊어서는 안 되는데

바람이 소중한 옛 추억을 벗겨 가듯
사람들은 씨앗 같은 기억까지 먹어 치우고
아름답게 감사하며 살기는커녕
자기들의 욕심의 배만 채우며 사네

차 한 잔만큼의 작은 감사라도
카나리아처럼 맑은 영혼의 음성으로
타오르고 폭발하는 불꽃같은 헌신으로
파랗고 저 광활한 하늘 가슴으로

하나님 아버지께 감사하며 살아가세

제 자

주 날 위해 죽으셨네
나 어떻게 죽을까?

교만과 함께 죽어야지
불순종 욕심 함께
거짓과 함께 죽어야지

주 날 위해 사셨네
난 어떻게 살까?

벚꽃처럼 살아야지
백합같이 피어야지
용서하며 살아야지
사랑하며 지내야지

은혜 새기며
주 닮으며 살아야지

머리 숙이는

도의 사람은 겸손한 이에게
존경으로 머리 숙이고

못난 사람은 힘 있는 사람에게
아부로 머리 숙인다

된 사람은
부모 앞에 감사로 머리 숙이고

사람은
하나님 앞에 모든 머리를 숙인다

10.

발걸음 멈추게 하는 그대

꽃이 지는 소리에
이별인가

냇물 흐르는 소리에
꿈인가

또닥비 걷는 소리에
임인가

그리움

그리움은
맑은 밤
별처럼 총총하지만

한없이 멀리 있어
손닿지 않을 때

바로 그때
내리는 이슬이지요

피고 지는 해

피는 꽃
핀다고 자랑치 마라
며칠을 못 버티고 시들 터이니

지는 꽃
진다고 서러워 마라
화려한 연출을 마쳤으니

뜨는 해
뜬다고 뽐내지 말라
하루도 못 버티고 지고 말 테니

지는 해
진다고 아쉬워 말라
대낮의 영광 이미 누렸으리니

단풍의 춤

찬란한 채색으로
단아하게 옷 입고

화려한 자태로
텅 빈 가슴 안에 춤춘다

애잔하도록
슬픈 너의 춤이여

청옥 하늘을
불꽃 바람으로 나부낀다

달빛 영상

가을은
국화빛 향기에 묻어나고
홍조 띤 단풍에 손 흔드네

님의 얼굴은
홍시 빛 황혼처럼 지고
추억은 산새처럼 날아가누나

마음에 적어놓은 이 편지를
가을밤 강에 뜬
저 하현달에 부쳐 보낸다

가을 비

잿빛 구름 속에 흐린 가을은
호흡이 가빠 쉴 벤치를 찾고

비에 젖은 여윈 단풍은
처량히 늦가을 가지에 걸려 있다

가을에 오는 비는
여럿을 애잔하게 데리고 간다

노래할 수 없는 이

겨울 산을 걷는다

산으로 들어가는 오솔길엔
낙엽들이 포개어 누워 있다

바스락 보싹 빠스락 뽀싹
밟으면 웃고

바스락 짝 빠스락 짝짝
걸으면 노래한다

생기도 호흡도 없는 애들이
저토록 웃고 노래할 수 있다니

찻잔에 비 내리고

창으로 빗물이
두드리는 까페에

얼그레이 향이
짙게 깔리는데

아픈 사랑들이
담긴
찻잔에

비가 내린다

주객

겨울 해 저물어
산 그림자 하나 둘
집안으로 들어온다

주인이 나그넨지
나그네가 주인인지

반갑든 거북하든
주인이든 객이든

함께 자야 하는데
따져 무엇하리요

그 행복한 소녀를 놓치고

가로수 그늘 길
맑게 씻은 미소로
행복 머금고 걷는 소녀

무슨 말 무슨 생각에
저토록 행복에 버무러져 있나

연모의 시선으로 만나고 싶다
그 진한 행복 전염되고 싶어

아무도 필요 없는 스쳐가는 미스
그 아쉬움만큼이나 크게
그대에게 긴 행복을 빌며
하얀 터널을 넘어온다

아! 그 하얀 빰 복숭아 행복
언제 어디에서
또다시 만나 볼 수 있을까

그리움

바람이 떠드는 소리에
아이들인가

구름이 떠가는 소리에
추억인가

꽃이 지는 소리에
이별인가

냇물 흐르는 소리에
꿈인가

또닥비 걷는 소리에
임인가

당신이

봄비같이 적셔요
마른 영혼을

실바람처럼 속삭여요
닫힌 가슴에

들꽃처럼 피시네요
아픈 뜨락에

초록으로 물들여요
회색 벌판을

댐(dam)

계곡 휩쓸어 내려오는 탁류
온 세상 집어삼킬 듯 흥분하여
허리케인 같이 몰아치는데

댐은 팔다리에 온통 힘주어
장군처럼 온몸으로 버틴다

그 날뛰는 야수를 진정시키고
숨 가쁜 호흡들을 달래가며
황토빛 홍수 차곡차곡 포갠다

적군같이 달려드는 노도를
평안히 잠재우는 넉넉한 품

넘쳐날 땐 소중히 담아두고
모자랄 때 퍼 나누는 그 마음

11.

떠나야 만날 수 있는 임

섬진강

섬진강아 섬진강아

너와 함께 머무르니
싱그러워
세월도 나이도 상관없구나

너와 같이 흐르니
자유로워
부귀영화 권세도 의미없구나

너와 함께 노니
평화로워
세상 모든 우수 간데없구나

화 산

세상의 온갖 군상
화산 구경 신났구나

감탄하는 환호소리
한두 마디 던져두고

억만년 당부하는
화산 음성 못 들은 채

세상으로 좇아가는
귀머거리 소경님들

으으이 인생들아
변치 말고 살아가라

토영장

어머니
제가 토영장에 왔습니다
소매에 콧물 닦으며
어머니 손에 잡혀 바삐 걷던
강구항에 왔습니다

머리엔 장거리 한손에 제 손
어머니는 한없이 무겁고 바쁘셨지만
난 한없이 볼거리에 바빴습니다

난 언제나 한눈을 팔았고
어머닌 늘 앞을 보고 걸으라 나무라셨죠

그땐 어머니의 시간을 몰랐습니다
그땐 어머니의 짐 무게도 몰랐습니다

오늘 새삼 이 장터를 지나며
어머니의 거친 손결 잡아보며
어머니가 이고 가던 그 짐을 받아
어머니가 보시기에 멋진 제 차에 싣고

가벼워진 어머니를 옆자리에 태워
이제야 장보시던 그 길을 편히 갑니다

병마용

천년 또 천년을 저렇게 서 있다
눈 깜박임 하나 없이 서 있다

묻혀 있는 시황제를
누워 있는 진시황을

지키라 호위하라
한마디 명령 앞에 저토록 서 있다

죄 없는 병사들이
밤낮 없는 세월 견디어 내며

몸들이 으스러져 분토 되도록
저토록 충직하게 흙 속에 서 있다

의자라도 하나씩 만들어 주지

지킴이

산봉우리 품고
으악새 허리 휘어 늙어 있다

고달픈 한살이 마무리하고
내일에 바통을 넘겨주련다

사철 비바람 사나웠고
눈서리 삭풍 매서울 때도
한시도 쉬지 않고 산을 덮어 지켰다

나무 하나 못 버티는 산봉우리
자식처럼 보듬어 지키었다

누가 또 미래에
이 황량한 산봉우리를 덮어
지켜낼 것인가

개 명

그때 가졌던 희망
지금 보니 사치였고

어제 꾸었던 꿈
오늘 보니 허영이더라

옛날 열정들
요즘 보니 과욕이었고

과거 흘렸던 눈물
현재 보니 치유였더라

전에 맛보던 고통
이제 보니 성숙이더라

길은 지구 위에 있고 인생은 길 위에 있다

1판 1쇄 인쇄 _ 2015년 10월 2일
1판 1쇄 발행 _ 2015년 10월 10일

지은이 _ 신광열
펴낸이 _ 이형규
펴낸곳 _ 쿰란출판사

주소 _ 서울특별시 종로구 이화장길 6
편집부 _ 745-1007, 745-1301~2, 747-1212, 743-1300
영업부 _ 747-1004, FAX 745-8490
본사평생전화번호 _ 0502-756-1004
홈페이지 _ http://www.qumran.co.kr
E-mail _ qrbooks@gmail.com / qrbooks@daum.net
한글인터넷주소 _ 쿰란, 쿰란출판사
등록 _ 제1-670호(1988.2.27)
책임교열 _ 김유미

 ISBN 978-89-6562-804-0 03230

책값은 뒤표지에 있습니다.